知らなきゃ恥ずかしい!?
日本語ドリル

上田まりえ

祥伝社黄金文庫

まえがき

誰かと話しているときや文章を書いているときに、「あれ、この言葉で大丈夫だっけ？」と悩んだことはありませんか？　例えば、「うる覚え」と「うろ覚え」。どちらが正しいか、あなたはわかりますか？　正解は「うろ覚え」ですが、まさに「うろ覚え」状態に陥ってしまいやすい表現は、無数に存在しています。また、長い年月をかけて用法や意味が変化した言葉もあります。漢字の読み方も同様です。「前はそんな読み方をしていたの⁉」「本当はそんな読み方だったなんて！」と、何度驚いたことか……。

2009年、私は日本テレビにアナウンサーとして入社しました。仕事を始めてからいつも感じているのが「日本語ってこんなに難しいの⁉」ということです。子どもの頃から本を読むことも文章を書くことも好きで、話すことはもっと好き。「得意科目は国語です！」と胸を張って言えるくらい、文系街道まっしぐらの人生を歩んでいました。……と書いて、この場合の表現は「まっしぐら」で適切なのか確認しようと、辞書を引いてみてびっくり！　なんと「まっしぐら」は本来「ましぐら」「ましくら」と言われていたようです。漢字も「真っしぐら」は俗の表記で、本来は「驀地」であるとのこと。何冊もの辞書を行ったり来たりして、またひとつ勉強になりました。話が横道に逸れてしまいましたが、国語が得意だからといって適切な表現を使うことができているのかどうかは別問題であるということです。日本語という言語の難しさと同時に奥深さを感じ、伝え手としてできる限り正確かつ適切な表現を選んでいきたいという思いで日々の仕事に向き合ってきました。現在はタレントとして、テレビだけではなく、ラジオパーソナリティやライターなど、幅広く活動をしています。言葉を届けることを生業として13年目を迎えました。

2020年7月、TikTokで『上田まりえの日本語教室』と題した日本語に特化した教育コンテンツの投稿を始めました。本書では、これまでに投稿した動画の中から100本を厳選し、クイズ形式にしてまとめています。問題は選択式になっていて、ページをめくると解答と解説が出てきます。一日一語でもいいですし、どこから読んでも構いません。お好きなときに、パラパラとページをめくってみてください。

これから本書を読み進めていくみなさんに強くお伝えしたいのは、「間違っているから悪い」「間違いを正したい」とは思っていないということです。言葉は時代とともに変化していくものであり、また、その人を表現する手段のひとつです。生きていくうえで、話すことや書くことでコミュニケーションをとることは必要不可欠であり、避けては通れません。だからこそ、より豊かな人間関係を築くための選択肢を増やすためのツールとして、この本を活用していただけたらうれしいです。正解と不正解に一喜一憂するよりは、雑談に使えるネタをゲットする感覚で読んでみてくださいね。

本書を読み終えたとき、「知らなきゃ恥ずかしい⁉」が「知ってよかった‼」に変わりますように。

目次

ブックデザイン　100mmdesign
写真撮影　近藤陽介

1章

その読み方、実は間違いかも!?

本来はそう読むの?
この読み方で間違いないと思っていたのに。
そんな言葉を集めてみました。

第1問

代替

あなたはどっち？

①だいたい

②だいがえ

正解

だいたい ①

「代替」を「だいがえ」と言う人が増えてきましたね。

以前、携帯電話が壊れてしまってお店に行ったとき、店員さんからこのように言われました。「それでは、だいがえきをお渡しします！」

漢字の熟語は、上の漢字を音読みする場合は下の漢字も音読み、上の漢字を訓読みする場合は下の漢字も訓読み、となるのが基本。つまり「音＋音」か、「訓＋訓」です。「ダイ」は「代」の音読み、「がえ」は「替」の訓読みなので、代替を「だいがえ」と読むと「音＋訓」になってしまいます。広辞苑をはじめ、一部の辞書では「だいがえ」という表記もありますが、現在はまだ「だいたい」と読むほうがいいでしょう。

第2問

一段落

正しいのはどっち？

①ひとだんらく
②いちだんらく

正解

いちだんらく――②

「この仕事がひと段落したら」というように、「ひと段落」と言う人が増えてきていますが、「いち段落」が本来の言い方です。「いちだんらく」で覚えましょう！

辞書でも「ひと段落」と引くと「いち段落」に誘導されます。「ひと段落」では載っていないものも存在します。

「一《ひと》区切り」という意味で、読み方は「一《いち》段落」。

第3問

出生

あなたはどっち?

①しゅっしょう

②しゅっせい

正解

しゅっしょう――①

意外かもしれませんが、「しゅっしょう」が本来の読み方です。広辞苑で「しゅっせい」を引くと「→しゅっしょう」となっています。その他の辞書でも「しゅっしょう」に誘導されます。したがって、「出生届」は「しゅっしょうとどけ」、「出生率」は「しゅっしょうりつ」です。ただし、「しゅっせい」はNHK日本語発音アクセント新辞典でも「許容」と表記されているように、間違いであるとは言えません。

TikTokのコメント欄にはさまざまな意見がありました。「社会の教科書にしゅっせいりつと書いてありました」「商業科や経済学部は絶対に読める！」「看護師さんや市役所の人たちにしゅっせいって言い直されました」……職業などによって、読み方に違いがある言葉なのかもしれません。あなたはどうですか？

第4問

他人事

正しいのはどっち?

① ひとごと

② たにんごと

正解

ひとごと――①

最近「たにんごと」と読む人が非常に増えていますが、正しい読み方は「ひとごと」です。〝「たにんごと」と書いて「ひとごと」と読む〟と覚えましょう。

生放送や収録などで他の出演者が「たにんごと」と言った場合は、「たしかに、ひとごとですよね～」などと、会話の中でさりげなくフォローします。「他人事」に限らず、他の出演者の発言、テロップやナレーションでの日本語の誤用については、アナウンサーがフォローすることで放送上のミスをなくすように努めています。誤用はお詫びと訂正をするほどではありませんが、伝え手としてできる限り正しく伝えることを意識しています。

第5問

3階

正しいのはどっち？

①　3かい
②　3がい

正解

3がい――②

数を表す語の後ろに付けて、どのようなものを数えているかを示す言葉を「助数詞」と言います。例えば「1個、2個、3個」の「個」や「1本、2本、3本」の「本」が助数詞です。「3階」はエレベーター内の音声やデパートなどの施設のアナウンスで間違っていることが多いので、注意して聞いてみてください。こういったところから自然と間違った言葉や発音がインプットされてしまい、誤用につながるのだと考えられます。「伝え手としてきちんとしなければ！」と強く思います。

第6問

河川敷

あなたはどっち？

①かせんしき
②かせんじき

正解

かせんしき——①

「かせんしき」という言葉自体が、それほど古いものではありません。広辞苑で見出し語として掲載されているのは「かせんしき」のみです。「かせんじき」も誤りではありませんが、放送では「かせんしき」を優先して使用しています。

第7問

続柄

正しいのはどっち？

① ぞくがら

② つづきがら

正解

つづきがら ―― ❷

役所や会社に提出する大事な書類などで目にする単語「続柄」。親族との関係を示す言葉です。例えば、「世帯主との続柄は長男です」というように使われます。

「ぞくがら」と読んでいる人が多いのですが、正しくは「つづきがら」です。「つづき」「がら」ともに訓読みです。これに対して「ゾク」は音読みなので、「ぞくがら」だと重箱読みになってしまいます。公的な場で使われる言葉だからこそ、間違えるとちょっと恥ずかしいかも⁉

第8問

月極

正しいのはどっち?

①げっきょく
②つきぎめ

正解

つきぎめ……❷

「日本中どこの駐車場でも見かけるから、〝げっきょく〟という駐車場チェーンの名前だと思っていた」と、昭和の時代の漫才ネタにも使われていた「月極」。「つきぎめ」と読み、「月額を定めて契約すること」という意味です。よく目にするけど、あまり声には出さない言葉であるため、間違って覚えてしまうのかもしれませんね。

第9問

容体

正しいのはどっち？

①ようたい

②ようだい

正解

ようだい ―― ②

濁らずに「ようたい」と読んでしまいそうですが、伝統的な読み方は「ようだい」です。放送でも「ようだい」と読みます。ただし、辞書によっては「ようたい」という表記もあり、見解が分かれている言葉のひとつです。

第10問

肉汁

あなたはどっち?

①にくじゅう

②にくじる

正解

にくじゅう ―― 1

「このハンバーグ、にくじるすご～い!!」という人が増えています。「にくじる」ではなく、「にくじゅう」が本来の読み方です。

「ニク」は「肉」の音読みであるため、それに続く漢字も音読みとなります。「汁」の音読みは「ジュウ」、訓読みは「しる」です。したがって、「音＋音」で「にくじゅう」と読みます。同様に、「墨汁」は「ぼくじゅう」です。

「にくじる」も許容されていて、間違いであるとは言えませんが、「じる」ではなく「じゅう」と発音するほうが綺麗に聞こえると思いませんか？

第11問

肌寒い

正しいのはどっち？

①はだざむい
②はださむい

正解

はださむい ―― ②

「冷房ではだざむいから、カーディガンを羽織ろう」と言いたくなりますが、「はだざむい」ではなく「はださむい」と濁らないのが本来の読み方です。ただし、「はだざむい」も許容されています。

ちなみに「肌寒《はださむ》」は秋の季語で、「秋が深くなって肌に寒さを感じること」です。

第12問

過不足

正しいのはどっち？

①かぶそく
②かふそく

正解

かふそく――②

「かぶそく」ではありません。「かふそく」です。「寝不足」「水不足」は「ねぶそく」「みずぶそく」と、「不」を「ぶ」と読みます。これらは「○○が足りない」という意味ですよね。これに対して「過不足」は「過」＋「不足」で、「過ぎたことと足りないこと」という意味です。つまり、熟語のでき方が違います。

第13問

女王

正しいのはどっち?

①じょおう

②じょうおう

正解

じょおう――①

発音のしやすさから「じょうおう」と読む人が増えていますが、正しくは「じょおう」です。体育「たいいく」を「たいく」、雰囲気「ふんいき」を「ふいんき」、全員「ぜんいん」を「ぜいいん」と読んでしまうのも、同様に発音しやすいからでしょう。

パソコンやスマートフォンの予測変換で誤った読み方を入力しても、ちゃんと漢字が出てきてしまうのが困りものですね。

第14問

舌鼓

正しいのはどっち？

① したづつみ

② したつづみ

正解

したつづみ ②

「舌鼓」は、美味しいものを食べたときに鳴らす舌の音のことです。つまり「舌」＋「鼓」。「鼓」の読み方は「づつみ」ではなく「つづみ」です。だから、「舌鼓」は「したづつみ」ではなく「したつづみ」となります。

ただし、最近は「したづつみ」という人もかなり増えているため、「したづつみ」も許容されています。

第15問

年俸

正しいのはどっち？

①ねんぼう
②ねんぽう

正解

ねんぽう――②

「年俸」の読み方は「ねんぽう」です。「ねんぼう」ではありません。

「年俸1億円に到達！」――プロ野球やJリーグのオフシーズンのニュースで見聞きしますよね。

しかし、会見やインタビューの中で「ねんぼう」と発音している選手が多いこと……。「あなたがもらっているのはねんぽうですよ！」と、心の中でツッコミを入れています。

第16問

茨城

正しいのはどっち?

①いばらき
②いばらぎ

正解

いばらき——①

『都道府県ランキング2020』（ブランド総合研究所調べ）で最下位を脱出し、見事42位になった茨城県。茨城県のみなさん、おめでとうございます！　ちなみに、私の故郷・鳥取県は40位でした……。

TikTokに投稿したところ反響が大きく、コメント欄が盛り上がりました。「茨城県はいばらきだけど、大阪の茨木市はいばらぎだよね！」というコメントが多数ありましたが、「茨城」も「茨木」も「いばらき」です。地名などの固有名詞はきちんと覚えましょう。

第17問

間髪を容《い》れず

正しいのはどっち？

①かんはつをいれず
②かんぱつをいれず

正解

かんはつをいれず――❶

「かんはつをいれず」が正しい読み方です。「かん」と「はつ」の間は区切り、「間・髪を容れず」と読むのがポイント。これは言葉の成り立ちからきています。「間髪を容れず」は、中国の書『税《ぜい》苑《えん》』に「間に髪を容れず」とあったことから生まれた故事成語。「間に髪の毛一本を入れる隙間もないこと」から「事が非常に切迫していてゆとりがないこと」、転じて「すぐに」「とっさに」という意味です。「間髪」という単語は、本来ありません。

第18問

施策

あなたはどっち？

① せさく

② しさく

正解

しさく――②

放送では「しさく」と読んでいます。

広辞苑をはじめ、いくつかの辞書では「せさく」を引くと「→しさく」と誘導されます。また、新明解国語辞典のように、そもそも「せさく」という表記がないものもあります。一方、三省堂国語辞典では「しさく」を引くと「→せさく」と誘導され、「せさく」に意味が書かれています。今後どうなっていくのか、気になる言葉のひとつです。

テレビやラジオから流れてくる政治家の発言を聞いていると、大勢が「せさく」と言っています。なぜ「せさく」と読むのか。「しさく」だと「思索」や「試作」などと間違われるおそれがあるため、意図的に「せさく」と言っているものと思われます。

第19問

重複

正しいのはどっち？

① ちょうふく
② じゅうふく

正解

ちょうふく――❶

「重複」は「ちょうふく」と読みます。「じゅうふく」は慣用読みとして通用していますが、本来は誤読です。

「重」には「ジュウ」「チョウ」2つの音読みがあります。「ジュウ」と読むのは重さに関係のある場合が多く、「体重」、「重力」、「重心」などが該当します。一方、「チョウ」はそれ以外の意味の熟語に使われます。例えば、「貴重」や「慎重」です。「重複」も、重さには関係ありません。したがって、「ジュウ」ではなく「チョウ」を使います。

第20問

初対面

正しいのはどっち？

①しょたいめん
②はつたいめん

正解

しょたいめん──❶

「初めて顔を合わせること」という意味の「初対面」は「しょたいめん」と読みます。

「初○○」という言葉を「はつ」と「ショ」のどちらで読んだらいいかわからない場合は、「初めての○○」と言い換えるとよいでしょう。

一方、「初体験」は「はつたいけん」と読みます。余談ですが、「初体験」は広辞苑では第七版から掲載されています。意味は「初めての体験。特に、初めての性体験」。三省堂国語辞典では「最初の、（性の）体験」となっています。つまり、「初体験」はちょっとHな意味が強い言葉なのです……！

第21問

世論

あなたはどっち？

① せろん
② よろん

正解

よろん――②

放送での発音やアクセントを調べる際の必需品が、『NHK日本語発音アクセント新辞典』です。おそらく日本全国のアナウンサーが一人一冊必ず持っているでしょう！　報道フロアやナレーションスタジオにも置いてあります。「迷ったら引く」が鉄則です。「世論」は「よろん」のみ掲載されています。つまり、放送では「よろん」という読み方です。

「世論」は本来「輿論《よろん》」と表記されていました。当用漢字の制定後から「世論」という表記になり、そこから「せろん」と読まれるようになりました。辞書によって表記がバラバラなので、何冊も引いていると「どういうことだ!?」と頭が混乱してきます……。

第22問

相殺

正しいのはどっち？

① そうさつ

② そうさい

正解

そうさい——②

漢字の「殺」には大きく2つの意味があります。「ころす」と「そぐ・へらす」です。「ころす」は「サツ」、「そぐ・へらす」は「サイ」と読み分けられます。「相殺」は「互いに差し引いて損得なしにすること。帳消しにすること」という意味。したがって、後者の「そぐ・へらす」に該当するため「サイ」、「相殺《そうさい》」と読みます。同様に「そぐ・へらす」の意味で使われている語として「減殺《げんさい》」があります。

第23問

二人組

あなたはどっち？

① ににんぐみ

② ふたりぐみ

正解

にんぐみ――①

放送、特に報道・ニュースなどでは「ににんぐみ」と読みます。しかし、「ふたりぐみ」も許容されているため、間違いではありません。

「犯人など悪いことをした人はににんぐみと読む」と、先輩アナウンサーや報道のスタッフから教わりました。ただし、私はアイドルなどの場合は「ふたりぐみ」と読んでいます。情報・バラエティで「ににんぐみ」だと固い感じがして、雰囲気に合わないように思うからです。

このように、番組の雰囲気やＴＰＯに合わせてあえて正しい言葉を使わないという選択をすることもあります。正しいことがすべてではないのが、言葉の奥深さです。

第24問

言質

正しいのはどっち？

① げんしつ

② げんち

正解

げんち ―― ②

「後日の証拠となる約束の言葉」を意味する「言質」。「げんち」と読み、「言質を取る」というように使います。

広辞苑によれば「げんしつ」「げんしち」は、誤読による慣用読みです。「質」を「ち」と読むのが不思議ですよね。実は、漢字の「質」は、表す意味によって読み方が異なるのです。「うまれながらに持っている性格や才能」の場合は「シツ」、「それだけの価値がある」の場合は「チ」と読みます。「人質」も、昔は「じんち」と読んでいました。

第25問

農作物

正しいのはどっち？

①のうさくもつ

②のうさくぶつ

正解

②のうさくぶつ

「作物」は「さくもつ」と読みますが、「農」が付いて「農作物」となると「のうさくぶつ」と読むのが一般的です。「農作物」は「農作」＋「物」であって「農」＋「作物」ではないからというのが、その理由のようです。たしかに、同じ語構成の「著作物」（著作＋物）は「ちょさくぶつ」、「工作物」（工作＋物）は「こうさくぶつ」ですね。

第26問

幕間

正しいのはどっち？

①まくま

②まくあい

正解

まくあい――②

「劇場で一幕終わって次の幕が開くまでの間」、つまり芝居の休憩時間のことを「まくあい」といいます。漢字で書くと「幕間」。「まくま」とは読みません。これは「幕の合い間」が省略されてできたと考えられています。「幕あい」と書いたほうが、誤読はなくなるかもしれませんね。

ついでに芝居用語でもうひとつ。悪人役を「敵役」と書きますが、芝居の世界では「てきやく」ではなく「かたきやく」と読みます。

第27問

慮る

正しいのはどっち?

① おもんぱかる
② おもんばかる

正解

おもんぱかる――①

「よくよく考える」「思いめぐらす」という意味の「慮る」。「おもんぱかる」と読みます。辞書によっては「オモンバカルとも」と表記しているものもありますが、漢字の読み方としては「おもんぱかる」で覚えておきましょう。

column

放送で話すということ

新人研修のときに先輩アナウンサーから言われたことで今も胸に強く残っているのが、「話すことは特殊能力ではない。だから、話すことを仕事にしてお金をもらうことはとても難しい」という言葉です。放送にのせる言葉には責任を持たなければいけません。言葉の選び方次第で、伝わり方や受け手の取り方にも違いが生じます。その選択を誤れば、誰かを傷つけてしまうことだってあるかもしれません。伝え手としてできる限り正確かつ適切な表現を選んでいきたいという思いで、現在もカメラの前に立ち、マイクの前に座り、パソコンのキーボードを叩き、スマホを手にしています。

鳥取県で生まれ育った私にとって、アナウンサー人生最初の敵は「日本語のアクセント」でした。普段の何気ない会話の中から同期のアナウンサーに間違いを指摘してもらい、その都度直すように心がけ、鳥取に住む両親との電話も断ちました。実は、自分の名前すら訛っていたのです！　鳥取では「上田」のアクセントが標準語と違うのだということを、大学に入学してから東京出身の同級生に指摘されて初めて知りました。大きなショックを受けたあの日のことは、今でも鮮明に覚えています。のちに入社試験のカメラテストの映像を見る機会があったのですが、堂々と訛っていました。やはり18年の習慣は、そう簡単に変えられるものではありません。名前に限らず、標準語で自然に話せるようになるまでには、かなりの時間がかかりました。もちろん、敵はアクセントだけではありません。本書に掲載しているような言葉についてのあれこれも、アナウンサーになってから初めて知ったことがほとんどでした。生まれてからこれまで特に意識することなく当たり前にしていた「話す」という行為が、とてつもなく難しいものだと感じられるようになったのです。普段からできていないものが、カメラの前で急にできるわけがありません。普段の生活の中から意識して話すことを、正しい日本語を自然に使えるようになるまで根気強く取り組みました。

2021年3月まで『なな➡きゅう』（文化放送）という番組を担当していました。平日の朝、毎日2時間ラジオで話す難しさといったら……。「自由に楽しく話せるようになりたい！」と思い、言葉について改めて勉強することにしました。それがTikTokを始めるきっかけにもなったのです。

2

章

こっちを選んで大丈夫!?

どちらが適切な表現なのか、
思わず悩んでしまう日本語を
ここでチェックしてみましょう。

第28問

①固定概念

②固定観念

正しいのはどっち?

正解

固定観念 ―― 2

どちらも正解のように見えますが、正しい表現は「固定観念」です。「固定概念」という言葉は誤りで、もちろん辞書にも載っていません。「固定観念」とは「その人の頭の中を常に支配し、それによって行動が決定するような考え」または「思い込み」という意味です。「固定観念にとらわれる」「固定観念を捨てる」などと使います。

「固定概念」という言葉は成立しないのはなぜか？　その理由を噛み砕いて説明します。「概念」は「事物の本質をとらえる思考の形式」のこと。もともと決められている＝固定されているものを指しているので、「概念」には「固定」をつける必要がありません。一方、「観念」は「物事に対する考え。見解」という意味。つまり、「観念」にはさまざまなバリエーションが存在しています。その中の特定の観念に固執するのが「固定観念」です。

第29問

①的を得る
②的を射る
正しいのはどっち？

正解

的を射る——❷

これは本来の意味を考えたら簡単ですね。的は矢で射るものであって、得るものではありません。「物事の肝心な点を確実にとらえる」という意味です。

第30問

①間が持てない
②間が持たない
正しいのはどっち?

正解

間が持てない――①

「あの人全然しゃべらないから、一緒にいても間が持たないんだよね」と言ってしまいがちですが、正しくは「間が持てない」。「空いた時間がとりつくろえない。することや話題がなくなって時間を持て余す」という意味です。文化庁の平成22年度「国語に関する世論調査」によれば、61・3%の人が「間が持たない」と答えたそうです。「間が持たない」という表現は、辞書に載っていません。正しく使いたいものです。

第31問

あなたは大きなプロジェクトのリーダーに任命されました。やる気いっぱい！

①「私には役不足ですが、がんばります！」

②「私では力不足ですが、がんばります！」

正しいのはどっち？

「私では力不足ですが、がんばります!」——正解②

「役不足」は「割り当てられた役目が自分の力よりも軽すぎて不満に思うこと」という意味です。つまり、「私には役不足ですが、がんばります！」は「自分の実力から考えると、こんな仕事じゃ物足りない！」と不満を言っていることになってしまいます。これではせっかくの決意表明も台無しです。「力不足」は「与えられた役目を果たす力が足りないこと」という意味。つまり、「役不足」と「力不足」は真逆の意味の言葉です。力不足であると伝えたいところを、誤って役不足と言ってしまうと、エラそうに見えてしまうかもしれません。恥ずかしい思いをする前に、きちんと覚えましょう！

第32問

「あの人、裏で相当悪いことをしていたもんね～。ついに○○○ね」

○○○に入るのは、どっち?

①明るみに出た
②明るみになった

正解

明るみに出た――①

「隠されていた事実が公《おおやけ》になる」は「明るみに出る」が正しい表現です。文字通り、明るいところに出ることから転じて、隠されていたことが公になることを意味します。「明るみになる」だと、「明るいところになる」という意味になります。「隠されていた事実が公になる」場合は「明るみに出る」あるいは「明らかになる」を使いましょう。

第33問

小学生は

①児童

②生徒

どっち？

正解

児童 ──❶

一般的に、「児童＝小学生」「生徒＝中学生・高校生」「学生＝大学生」といいます。これらは、学校教育法によって定められているものです。しかし、法律によって、その定義は異なります。例えば、児童福祉法では「満18歳に満たない者」を「児童」と定義しているため、中学生も高校生も「児童」に該当します。また、「学生」は「学業を修めている人、学校で教育を受けている人」を指すため、「学生割引」「学生証」などのように「中学生以上＝学生」と表現する場合もあります。学校教育法の区分を理解したうえで、柔軟に使いましょう。

第34問

確実でない記憶

①うろ覚え
②うる覚え

正しいのはどっち?

正解

うろ覚え——1

「うろ？　うる？　どっちだっけ⁉」と迷う人も多いのでは？

ラジオの生放送中、話し相手の方が「うる覚えやけど～」と言っているのを聞いて、「これはＴｉｋＴｏｋのネタにしよう！」と原稿の隅にすぐさまメモをしました。このことは「うろ覚え」ではなく、はっきりと記憶しています。本書でもしっかりと使わせてもらいました。

第35問

①愛想を振りまく
②愛嬌を振りまく
正しいのはどっち?

正解
愛嬌を振りまく――②

広辞苑によれば、「愛想」は「人に接して示す好意や愛らしさ」で、「愛嬌」は「人に好かれるような愛想や世辞」という意味です。「愛想」は対人関係のあり方に注目していますが、「愛嬌」はその人に本来備わった性質であるといえるでしょう。対人関係は振りまきようがないですよね。

しかし、文化庁が行った平成27年度「国語に関する世論調査」では、「愛想を振りまく」を使う人が49・1%で、「愛嬌」の42・7%を上回っています。「愛想」を使った表現は、「愛想がいい（悪い）」「愛想が尽きる」などがあります。

第36問

「あたたかい家庭」
漢字で書くと
①暖かい家庭
②温かい家庭
正しいのはどっち？

正解

温かい家庭 ―― ②

同じ読みの漢字の使い分け、難しいですよね。「暖かい」と「温かい」の使い分けも、そのひとつです。こういうときは、反対語を意識しましょう。「暖かい」の反対語は「寒い」。主に気象・気温に使われます。「温かい」の反対語は「冷たい」です。「あたたかい家庭」も反対の場合を考えてみましょう。冷たい家庭とは言いますが、寒い家庭とは言いませんよね。

芸能人やスポーツ選手がファンに対して「いつも暖かい応援をありがとうございます！」とブログやツイッターなどのＳＮＳで発信しているのが気になって気になって……。結婚報道など事務所から公式に発表される文書でも「暖かい」という表記になっているのがよく見受けられます。もちろん間違っていても伝わるのですが、気持ちを伝える言葉だからこそ正しく使いたいものです。

第37問

外見は立派だが、
実質は劣っていること

①見かけ倒れ
②見かけ倒し

正しいのはどっち?

正解

見かけ倒し――②

「見かけ」を「倒す」ような内面・実質のことなので、「見かけ倒し」。「見かけ倒れ」は誤りです。「看板倒れ」などの類推から、「見かけ倒れ」という言い方が出てきたのかもしれません。

第38問

定評のある確かなもの

①極め付き

②極め付け

正しいのはどっち?

正解

極め付き——①

「極め付き」が正しい表現です。骨董品の鑑定の証明書のことを「極め書き」といいます。極め書きが付くような確かなものだから「極め付き」です。極め書きが転じて、「定評のあるたしかなもの」という意味になりました。また、歌舞伎の世界では「社会の評価が確定している、その人以外にない芸」のことを指します。

第39問

①限界を超える

②限界を越える

正しいのはどっち？

正解

限界を超える──①

「越える」と「超える」も、使い分けが難しい漢字です。

「越える」は「場所・時間・地点を通り過ぎる」。「超える」は「超過、上回る、通常の概念や区分をこえる」という意味です。

越……山を越える、国境を越える、期限を越える、ハードルを越える、権限を越える

超……定員を超える、師匠を超える、限界を超える、気温が30度を超える

第40問

婚姻届を提出したことを伝える

①私たち、入籍しました。

②私たち、結婚しました。

正しいのはどっち?

正解

私たち、結婚しました。――②

どちらも正しいように見えますが、実は「結婚＝入籍」ではありません。「入籍」は本来「もともとある戸籍に誰かが入ること」という意味です。結婚する際には、それぞれが親の戸籍から抜けて、夫婦の新しい戸籍が作られます。つまり、婚姻届を提出したときに「入籍した」というのは誤り。初婚同士の場合は「入籍」ではなく、「結婚」が正しい表現です。再婚で初婚の際の戸籍がある場合や元から自分の戸籍を持っている人と結婚する場合など、その戸籍に入るときは「入籍」が当てはまります。

芸能人や著名人の結婚報道の際、テレビのテロップや新聞の見出しなどに「入籍」という表現が多用されていることから、「入籍＝結婚」というのが定着したのでしょう。アナウンサーは放送でどのように対応しているのか？　本人のコメントに「入籍しました」とある場合はそのまま読みますが、それ以外は「結婚」と言い換えるようにしています。

第41問

①司会を努める

②司会を勤める

③司会を務める

正しいのはどれ？

正解

司会を務める――❸

この問題は選択肢が3つあります。その分、難しさも他より1・5倍あるのではないでしょうか。そのくらい、「つとめる」の使い分けは難しいと思います。「務める」は「役目としてことを行う」「劇などの役を演ずる」。「勤める」は「勤務する。仕える。一定の任期や刑期を全うする」。「努める」は「力を尽くして行う。努力する」。それぞれ、このような意味の違いがあります。

務……司会を務める、主役を務める
勤……会社に勤める、任期を勤める
努……問題の解決に努める、弁解に努める

第42問

①友情に厚い
②友情に熱い
③友情に暑い

正しいのはどれ？

正解

友情に厚い――①

漢字の使い分けが難しいシリーズです。「厚い」の反対語は「薄い」。また「他者へのかかわり方の程度が大きい」という意味もあります。「熱い」は熱を指す言葉で、反対語は「冷たい」。「暑い」は気温に使います。反対語は「寒い」。

厚……本が厚い、化粧が厚い、厚く御礼申し上げます

熱……熱いお茶、熱い思い、お熱い仲

暑……暑い夏、部屋の中が暑い

第43問

①締切が伸びる
②締切が延びる
正しいのはどっち？

正解

締切が延びる――②

「伸びる・伸ばす」は「成長したり、引っぱられることによって、長くしたり縦方向にまっすぐにしたりする。増す。良くなる、ある点まで及ぶ」という意味で、反対語は「縮む」です。一方、「延びる・延ばす」は「時間や期間が長く（遅く）なる。つながって長くなる」という意味です。

伸……身長が伸びる、学力が伸びる、売り上げが伸びる、捜査の手が伸びる、しわが伸びる
延……締切が延びる、会期が延びる、線路が延びる、寿命が延びる

第44問

①影響が表れる

②影響が現れる

正しいのはどっち?

正解

影響が表れる――1

「表す・表れる」は「感情や考えなど、内面的なものが表に出る。表面化する」という意味。一方、「現す・現れる」は「姿・形が見えるようになる。出現する」という意味です。

表……影響が表れる、成績に表れる、言葉に表れる、顔色に表れる、敬意を表す

現……頭角を現す、姿を現す、本性が現れる、湿疹が現れる、太陽が現れる

第45問

「小春日和」は、いつ使うのが正しい？

① 春先

② 晩秋から初冬

正解

晩秋から初冬――②

「小春」は旧暦10月の異称です。新暦ではだいたい11月のことですが、その頃の暖かくて穏やかな晴天を「小春日和」といいます。冬の季語でもあります。「春」という漢字が入っているからといって、春ではありません。

column

私がTikTokで日本語教室を始めた理由

　TikTokのアカウントを開設した当初、決まって言われたのが「踊るんですか!?」ということです。私も始めてみるまでは「若い人たちが踊っていてキラキラしている最先端のアプリ」という認識で、自分にとって一番遠いソーシャルネットワーキングサービス（SNS）であると思っていました。そんな私が「日本語教室」を投稿する場所としてTikTokを選んだのには、2つの理由があります。

　1つ目は「手軽さ」です。TikTokは15〜60秒の動画を投稿することができるショートムービープラットフォームで、1本の動画で一語紹介するという形式をすぐにイメージできました。実は以前、同様のコンテンツをYouTubeで行うことを提案されたのですが、1本当たり最低でも10分の動画を作る必要があり、かなりの時間と労力がかかるため継続が困難であると感じて断念しました。クリエイターも気軽に投稿できて、視聴者も短い時間で気軽に見ることができきる。この気軽さが、楽しく学ぶことにつながると考えました。

2つ目は、コンテンツとユーザーの「幅広さ」です。踊りや歌といったエンターテインメントだけではなく、実は教養コンテンツも充実しています。また、若年層に限らず幅広い世代の人たちが利用しているため、コメント欄は私にとって大切な情報源です。世代によって「使用している言葉にどのような差があるのか。言葉に対してどのような意識を持っているのか」を感じ取ることができ、ネタ作りにも活用しています。また、現在世界で20億ダウンロードを突破していて(sensor tower 調べ)、利用者数が多いのも魅力です。海外や日本に住む外国人の方からは「日本語の勉強をしているので役立っています」というコメントも。幅広い人にリーチできる可能性があるのも、他のSNSにはないポイントです。

「言葉のおもしろさや奥深さを知るきっかけにしてもらいたい」という思いを形にする。言葉の変化の過程をしっかりとキャッチする。これらを念頭に、日々動画作りに勤《いそ》しんでいます。この「上田まりえの日本語教室」は、TikTokだからこそできたコンテンツです。5章のあと、その撮影風景も公開しています。現場に潜入した気分でお楽しみください!

3章

その表現、実は間違っている!?

いつのまにか間違った使い方をしている、
そんな日本語をクイズにしました。
あなたは大丈夫？

第46問

①一番最初
②一番はじめ

正しいのはどっち?

正解

一番はじめ――②

「一番」は「最初」、そして「最初」は「一番はじめ」という意味の語です。つまり、「一番最初」は「一番一番はじめ」と重複表現になってしまいます。「一番最後」も同じです。「一番はじめ」か「最初」、「一番あと」か「最後」と言うとよいでしょう。

また、「まず最初に」も重複表現です。「まず」は「最初に」という意味なので、「まず」か「最初に」のどちらかで伝わります。「まずはじめに」も重複しているという見方があるため使用を避け、「はじめに」と言うようにしています。

このような重複表現は無数に存在しています。コラム（161ページ）にまとめたので、そちらをご覧ください。

第47問

態度などを荒くすること

①荒げる
②荒らげる

正しいのはどっち?

正解

荒らげる——②

「荒《あら》らげる」が本来の言い方です。「荒《あら》げる」という人も増えています。これは「荒らげる」よりも発音しやすいこと、また、漢字表記の「荒らげる」を「あらげる」と読み違えていることが理由として考えられます。現在、放送では「荒げる」も許容されています。

第48問

①けがを負う
②傷を負う
正しいのはどっち？

正解

傷を負う——②

「けがをする」と言うべきときに、「けがを負う」と言っていませんか？　これは、「けがをする」と「傷を負う」の混用です。「負傷」は文字通り「傷を負うこと」という意味なので、迷ったときには「負傷」を思い出しましょう。

第49問

①炎天下、練習する。

②炎天下の中、練習する。

正しいのはどっち？

正解

炎天下、練習する。──❶

「炎天」とは「夏の焼けつくような暑い空」という意味。その空の下《もと》が「炎天下」です。「炎天下の中」「炎天下のもと」は重複表現なので、使用を避けましょう。正しい表現は「炎天下」または「炎天の中（もと）」です。

第50問

①あけまして、おめでとうございます。

②新年、あけましておめでとうございます。

正しいのはどっち？

正解

あけまして、おめでとうございます。――①

「新年、あけましておめでとうございます」も重複表現です。「新年」は「年が明ける」という意味。つまり、「あけまして」と重複してしまいます。新年のご挨拶は「あけましておめでとうございます」、または「新年、おめでとうございます」としましょう。

第51問

①存亡の危機
②存亡の機
正しいのはどっち?

正解

存亡の機 ―― ②

「存続するか、滅亡するかの大切な場合」を「存亡の機」といいます（「危急存亡の秋《とき》」とも）。文化庁が行った平成28年度「国語に関する世論調査」では、「存亡の危機」を使う人が83％で、「存亡の機」を使う人の6・6％を大幅に上回っています。しかし、「存亡の危機」は間違いです。「存亡」とは、「残るか滅びるか」ということ。一方、「危機」は「大変なことになるかもしれない危ういときや場合」です。

私は韓国ドラマが大好きで、よくDVDをレンタルしています。再生すると最初に新作の予告動画が流れるのですが、歴史物の作品紹介の中で「国家存亡の危機が訪れる」というナレーションとテロップを何度見聞きしたことか……。そのたびに少しだけもやもやしています。

第52問

①体調を崩す
②体調を壊す
正しいのはどっち？

正解

体調を崩す ——❶

「体調」はからだの調子のことです。調子は崩すものであって壊れるものではありません。したがって、「体調を崩す」となるのです。一方、「からだを」ときたら、「壊す」と続けるのが正解。正しいのは、「体調を崩す」と「からだを壊す」です。まるっと覚えましょう！

第53問

12月24日の夜

①クリスマスイブの夜

②クリスマスイブ

正しいのはどっち?

正解

クリスマスイブ――②

「クリスマスイブ」＝「クリスマスの前夜」であるため、「クリスマスイブの夜」だと重複表現になってしまいます。ちなみに、ユダヤ暦では日没が日付の変わり目です。したがって、ユダヤ暦で「クリスマスイブ」は12月24日の日没以降だから日付が変わって25日、つまりクリスマスの夜を指します。この場合も夜であることは変わりないので、やはり「クリスマスイブの夜」は重複表現ですね。

第54問

①熱にうなされる
②熱にうかされる
正しいのはどっち?

正解

熱にうかされる――②

「高熱のためうわ言を言う」「夢中になって見境がなくなる」――これらを表現するフレーズは、「熱にうなされる」ではなくて、「熱に浮かされる」です。ところが、平成18年度に文化庁が発表した「国語に関する世論調査」では、「熱に浮かされる」を使う人が35・6％、「熱にうなされる」を使う人が48・3％と、逆転現象が起きています。「浮かされる」は「浮かす」の変形で、なにかに心を奪われている状態を意味します。一方、「うなされる」は恐ろしい夢などを見て思わず苦しそうな声を立てることです。高熱のためにうなされることはあると思いますが、夢中になってうなされることはないですよね。

第55問

①ご清聴、ありがとうございました。
②ご静聴、ありがとうございました。

正しいのはどっち？

正解

ご清聴、ありがとうございました。 ①

場内がざわざわしていて注意を促すときには「ご静聴ください！」でいいのですが、お礼を伝える場合は「清聴」です。「静聴」は文字通り静かに聞くこと。「清聴」とは他人が自分の話を聞いてくれるときに敬う言葉です。

「話を聞いてくださってありがとうございます」と伝えたい場合は、「清聴」を使いましょう。

第56問

今月は厳しいから、貯金を

①取り崩す

②切り崩す

正しいのはどっち?

正解

取り崩す——①

「切り崩す」は「高いところを切って低くし、元の形を失わせる」あるいは「切り込んで敵の備えを崩す」という意味です。「取り崩す」は「貯めたものを次第に取ってなくす」という意味。したがって「貯金を取り崩す」が正しい表現です。

第57問

①元旦の朝

②元日の朝

正しいのはどっち？

正解

元日の朝 —— ②

「元旦」も、実は重複表現です！「元旦」という一語で「元日の朝」を指し、すでに朝という意味が含まれています。もちろん「元旦の昼」や「元旦の夜」という表現も誤り。「朝なのに昼？」「朝なのに夜？」と矛盾した表現になるので避けましょう。

第58問

気を抜いていると、

①足元をすくわれるよ！

②足をすくわれるよ！

正しいのはどっち？

正解

足をすくわれるよ!──②

「相手のすきにつけ入って、失敗や敗北に導く」という意味で、本来は「足をすくわれる」が正しいのですが、「足元をすくわれる」を使う人が増えています。文化庁が平成28年度に行った「国語に関する世論調査」では、「足下（足元）をすくわれる」を使う人が64・4％に対して、「足をすくわれる」を使う人は26・3％でした。

第59問

①汚名挽回

②汚名返上

正しいのはどっち？

正解

汚名返上——②

「汚名」は「悪い評判、不名誉」、「挽回」は「元へ戻し返すこと、取り返すこと」を意味する言葉です。したがって、「汚名挽回」と言ってしまうと「悪い評判を取り戻す」ということになってしまいます。正しくは「汚名返上」です。「名誉挽回」と混同しないように気をつけましょう。

ただし、「汚名挽回」は「汚名」の状態に戻すのではなく、「汚名」以前の普通の状態に戻す意味であると考え、間違いではないとする意見もあります。放送では本来の表現である「汚名返上」を使っています。

第60問

「ジンクス」どんな意味？

①悪いことの前兆
②おまじない

正解

悪いことの前兆 ―― ①

「すべてがうまくいくジンクス」「恋が叶うジンクス」などと、雑誌の特集や歌詞で見聞きする「ジンクス」。実は、いい意味の言葉ではないということをご存知ですか？

ジンクスは英語で「jinx」と書きます。英和辞典を調べると「縁起の悪い物［事、人］」という説明が出てきます。これがジンクスの正しい意味で、「占い」や「おまじない」という意味で使うのは間違い！　縁起のいい意味を許容している辞書もありますが、使わないほうがいいでしょう。

第61問

①雪辱を晴らす

②雪辱を果たす

正しいのはどっち?

正解

雪辱を果たす――②

「次の試合では雪辱を晴らします」――よく聞きますが、実は間違った表現です。「屈辱を晴らす」と混同されてしまったのでしょう。正しくは「雪辱を果たす」です。「雪辱」の意味は「恥を雪《すす》ぐこと」。「雪ぐ」は「汚名を除き払う」という意味なので、「晴らす」は余計な表現です。「雪辱は果たすもの」「屈辱は晴らすもの」と覚えましょう。

第62問

①安上がり
②安くつく
正しいのはどっち？

正解

安上がり――❶

「高くつく」という表現があります。「安いものを買っても、後日の出費でかえって高いものになる」という意味です。反対に「安い費用で済むこと」を「安上がり」と言います。この「高くつく」と「安上がり」が混同されて、「安くつく」と言う人が増えているので、気をつけましょう！

第63問

①ナルシスト
②ナルシシスト
あなたはどっち？

正解

ナルシシスト――②

「うぬぼれ、自己陶酔」のことを英語で「narcissism（ナルシシズム）」といいます。ここから、「うぬぼれ屋、自己陶酔する人」を「narcissist（ナルシシスト）」といいます。

原則として、英語の言葉はその発音に合わせます。したがって、正しい表現は「ナルシシスト」ですが、「ナルシスト」のほうが一般的になっているという感覚があります。ニュース原稿は「ナルシシスト」と読みますが、バラエティなどの場合はディレクターと相談したうえで、その番組の雰囲気に合わせています。フリートークの場合も「ナルシスト」と言っています。「ナルシシスト」と言ってもわからない人が多く、ひっかかりが生まれてしまうと話の内容が頭の中に入ってこなくなるおそれがあるからです。

第64問

①きめ細か
②きめ細やか
正しいのはどっち?

正解

きめ細か——①

「きめ細か」は「皮膚や物の表面がなめらかなさま。細かいところにまで気を配るさま」のことです。ちなみに、きめ細かの「きめ」は、漢字で書くと「木目」または「肌理」で、「木目」は文字通り「もくめ」、「肌理」は「皮膚の表面の細かい模様」という意味です。

それから、「細か」と「細やか」は違う意味がある言葉だということをご存知でしょうか？「細か」は「細かいさま」。「細やか」はそれに加えて「心を込めたさま」というように相手を思う心が含まれています。

第65問

①とんでもありません！
②とんでもないことです！

正しいのはどっち？

正解

とんでもないことです!――②

「とんでもございません!」「とんでもありません!」よく耳にしますが、実は間違った表現です。「とんでもない」は、「汚い」「危ない」「切ない」「拙《つたな》い」などと同じく「とんでもない」でひとつの形容詞です。したがって、「とんでも」だけで使うことはできません。「汚い」の「きた」だけを使わないのと同じです。

「とんでもない」を丁寧に言うときは、「とんでもありません」ではなく、「とんでもないです」「とんでもないことです」または「とんでもないことでございます」と言うようにしましょう。

第66問

上田君は営業部の

①押しも押されもせぬエースだね！

②押しも押されぬエースだね！

正しいのはどっち？

正解

押しも押されもせぬ――①

「押しも押されぬ」は「押しも押されもせぬ」(実力があって立派な様子)と「押すに押されぬ」(びくともしない)が混用された表現だと考えられます。辞書などの説明も「押しも押されぬ」は誤用となっていますが、こちらを使う人は増えているようです。文化庁の平成24年度「国語に関する世論調査」では、「押しも押されもせぬ」を使う人が41・5%だったのに対して、「押しも押されぬ」を使う人は48・3%でした。

第67問

フライパンに油を
①しく
②ひく
正しいのはどっち?

正解

ひく――②

発音が紛らわしいので、間違えている人も多そうですね（特に「ひ」と「し」の区別が難しいと言われる江戸っ子には……）。

正解は「油をひく」。漢字で書くと「引く」です。「引く」は塗り広げることで、「口紅を引く」とも言いますよね。一方、「しく」は漢字だと「敷く」。平らに広げることで、「布団を敷く」などと使います。

第68問

①上には上がある

②上には上がいる

正しいのはどっち？

正解

上には上がある——①

「これが最上だと思っていても必ずそれ以上の行為や状態があること」を意味する「上には上がある」。この説明にもある通り、ここで対象となっているのは行為や状態であって、人ではありません。「いる」を使ってしまうと、人を指すことになってしまいますね。

第69問

① 怒り心頭に発する
② 怒り心頭に達する

正しいのはどっち?

正解

怒り心頭に発する――①

「怒り心頭に発する」というのは「激しく怒る」という意味です。「怒り心頭におこる」ともいいます。「心頭」とは「心の中」という意味なので、「怒り心頭に発する」とは「怒りが心の中に発生する」ということになります。「怒りという感情が心や頭に到達した」という意味ではありません。

第70問

①お求めになりやすい価格

②お求めやすい価格

正しいのはどっち?

お求めになりやすい価格 ― 正解 1

テレビやラジオの通販番組などでよく耳にする「お求めやすい価格」。実は間違いです。「求める」を尊敬語にする場合は「お〜になる」をつけて「お求めになる」。これにさらに「〜やすい」という形容詞がついて「お求めになりやすい」となります。他の表現を考えるとわかりやすいでしょう。「お書きになりやすいペン」とは言いますが「お書きやすいペン」とは言いませんし、「お使いになりやすいスマホ」とは言いますが、「お使いやすいスマホ」とは言いませんよね。

第71問

①ズボンを履く

②ズボンを穿く

正しいのはどっち?

正解

ズボンを穿く――❷

「履く」と「穿く」。あなたは正しく使い分けることができていますか？　足先につけるのが「履く」、足を通して衣類を身につけるのが「穿く」と覚えましょう。したがって「靴」「靴下」「下駄」「スリッパ」「草履」「足袋」などは「履く」。「スカート」「パンツ」「ジーンズ」「袴」などは「穿く」となります。

column

重複表現

重複表現とは、同じ意味の語を重ねた表現のことです。その例として挙げられるのが「頭痛が痛い」。「頭痛」は頭が痛いことを指すので、「頭痛が痛い」だと「頭が痛い痛い」ということになってしまいます。「頭痛が痛い」は明らかな重複表現であるため使用を避ける人が多いと思いますが、世の中には重複表現がそこかしこに溢れています。

よく見聞きするのは「違和感を感じる」です。「違和感」に限らず「—感」という語に「感じる」と続けると重複表現になります。「—感がある」「—を抱く」「—感を覚える」と言い換えるとよいでしょう。それから、「第1日目」や「第1回目」。実は、「第」と「目」は重複表現になるため、「第1日」や「1日目」とするのが適切です。「第1日目」は「初日」、「第1回目は」「初回」とも表現できますよね。その他に、次のようなものがあります。

・「断トツトップ」「断トツ1位」→「断トツ」「断然トップ」「圧倒的1位」

「断トツ」は「断然トップ」の略語。

・**「従来から（より）」→「従来」**

「従来」は「以前から」という意味。「古来から（より）」も同様。

・**「過半数を超える」→「過半数に達する」「半数を超える」**

「過半数」は「全体の半数を超える」という意味。

・**「余分な贅肉」→「贅肉」「余分な肉」**

「贅肉」は「余分な肉」のこと。

挙げればきりがないほどあります。みなさんも探してみてくださいね。

一方で、あえて重複表現を使用される場合もあります。「歌を歌う」や「踊りを踊る」、「犯罪を犯す」、「今現在」などがその代表例です。強調することで、その言葉の意味をよりわかりやすくしているからというのが理由です。第46問「一番最初」も「最初の方の中でも最初」であることを強調したいからあえて使うという人もいます。

放送や記事の中では、なるべくすっきりした表現にすることや明らかな重複表現は使わないように心がけていますが、人によって感じ方が様々であるため、考えて使う必要があります。ちなみに、「必要性がある」も重複表現です（「必要性」は「必要がある」という意味）。

4
章

正しい意味、知っていますか!?

え！　もともとはそんな意味だったの？
思わずびっくりしてしまう言葉が
次々に登場します。

第72問

「失笑」どんな意味?

①おかしさにこらえきれず、ふき出して笑うこと

②笑いも出ないくらいあきれること

正解

1

「失笑」は笑ってはいけない場面で使う言葉です。この場合の「失」は「失う」の意味ではなく、本来は中に抑え込んでおくべきものを抑え切れずに（または、うっかりして）外へ出してしまうという意味です。「失言」や「失火」と同じ使い方ですね。しかし、平成23年度の文化庁「国語に関する世論調査」では、「こらえ切れずふき出して笑う」とした人が27・7％であるのに対して、「笑いも出ないくらいあきれる」とした人が60・4％もいました。

第73問

「爆笑」

本来、どんな意味？

①一人が大声でどっと笑うこと

②大勢が大声でどっと笑うこと

正解

2

「爆笑」は本来、一人でするものではありませんでした。広辞苑第六版までは「大勢が大声でどっと笑うこと」と記載されていましたが、第七版では「はじけるように大声で笑うこと」に変化しました。一人でも爆笑になるのです。これは、辞書に載っている言葉の意味が変化した典型的な例でしょう。「爆笑」の本来の意味を知ると、使い方が変わってくるのでは？

第74問

「弱冠」

本来、どんな意味?

①20歳の人
②若い人

正解

❶

「弱冠」の意味は、広辞苑によると「(古代中国で男子20歳を『弱』といい、元服して冠をかぶったことから)男子の20歳の異称。また、成年に達すること」です。つまり本来は、20歳の男子を指す言葉でした。

20歳を基準に、あまりにもかけ離れている場合は、放送でも使わないようにしています。「弱冠10歳でプロ入り」「弱冠35歳で大臣に就任」などといった表現は避けています。

第75問

「雨模様」

どんな意味？

①雨の降りそうな空の様子

②雨が降っている様子

正解
1

「雨模様」は「降りそうだけど降っていない状態」を指します。雨の降る状態ではありません。

平成22年度の文化庁「国語に関する世論調査」では、「雨模様」を本来の「雨が降りそうな様子」とした人は43・3%、「小雨が降ったりやんだりしている様子」とした人は47・5%でした。

ちなみに、読み方は「あまもよう」と「あめもよう」のどちらでも大丈夫ですが、放送では「あまもよう」を使います。

第76問

「鳥肌が立つ」

本来、どんなときに使う言葉？

① 感動したときや素晴らしいと思ったとき

② 寒さや恐怖など不快感を覚えたとき

正解

2

「あの映画のラスト、すごく感動した〜。鳥肌が立った！」――これは本来の使い方ではありません。「鳥肌」は「皮膚に鳥の毛をむしり取った後のようなぶつぶつを生じる現象」であり、寒さや恐怖などの強い刺激によって起こるものです。しかし、最近は感動した場合にも用いることがあります。それだけに、本来の使い方を知っておきたいものです。文化庁が平成27年度に行った「国語に関する世論調査」によると、「あまりの素晴らしさに鳥肌が立った」は62・0％、「あまりの恐ろしさに鳥肌が立った」は56・6％と、僅差ですが新しい使い方を支持する人が増えています。（「両方使う」人も含めているので合計100％を超えています）

第77問

「敷居が高い」

本来、どんなときに使う言葉?

①不義理または面目ないことがあって、その人の家に行きにくい

②高級だったり格が高かったり思えて、その家や店に入りにくい

正解

①

実は①と②、どちらの意味も広辞苑に載っています。ただし、②は第七版で初めて掲載されました。つまり、本来の意味は①です。文化庁が平成20年度に行った「国語に関する世論調査」によると、「相手に不義理などをしてしまい、行きにくい」という本来の意味で使う人は42・1％、「高級すぎたり、上品すぎたりして、入りにくい」は45・6％、両方使う人は10・1％でした。テレビ番組のグルメリポートなどでも「星がついているから敷居が高くて……」なんて言っているのを、よく耳にしますよね。

第78問

「さわり」どんな意味？

① 最初の部分

② 話の要点

正解

②

「さわり（触り）」とは、義太夫節（江戸時代の人形浄瑠璃の一つ）における目立つ箇所、聴かせどころを指します。それが転じて、「邦楽の曲の中の最大の聞かせどころ（サビ）」を指すようになり、さらに転じて「話の要点」を意味するようになりました。

平成28年度の文化庁「国語に関する世論調査」によると、「話などの要点のこと」を選んだ人が36・1％なのに対して、「話などの最初の部分」を選んだ人が53・3％となっています。その理由として文化庁は、「さわりだけ」「ほんのさわりですが」と、ある部分を限定するような文脈で使われることが多いこと、そして「さわる」という言葉の響きが、物事に軽く触れる、表面的に触れるという意味で活かしやすいという2つの事柄を挙げています。

第79問

「煮詰まる」

本来、どんな意味？

① 議論や考えなどが出つくして結論を出す段階になる

② 議論や考えなどがこれ以上発展せず、行き詰まる

正解

①

①と②、どちらも広辞苑第七版に載っている意味です。ただし、②の説明の前に「転じて」と説明書きがあります。つまり、本来は①の意味だったのです。

平成25年度の文化庁「国語に関する世論調査」を見ると、40代を境に使い方が逆転していることがわかります。40代以下は「結論が出せない状態」、上の世代では「結論の出る状態」という意味で、この言葉を使っているのです。つまり、コミュニケーションにおいて誤解を生むおそれがある言葉だといえます。このことに留意して使うようにしましょう。

第80問

「知恵熱」

誰に使う言葉？

①大人
②赤ちゃん

正解

2

「いっぱい頭を使ったから、知恵熱が出てきちゃった」という使い方をする人がいますが、知恵熱は広辞苑によると「乳児が知恵づきはじめる頃、不意に出る熱」という意味。つまり、赤ちゃんに突然起きる発熱を指すので、本来、大人には使わない言葉です。しかし、平成28年度の文化庁「国語に関する世論調査」では、「知恵熱が出た」という例文に対して「乳幼児期に突然起こる発熱」と答えた人は45・6%、「深く考えたり頭を使ったりした後の発熱」と答えた人が40・2%で、両者の差はだいぶ縮まっています。

第81問

「気が置けない」

正しい使い方はどっち？

①「あの人は気が置けないから、こっちもリラックスできるんだよねぇ」

②「あの人は何を考えているかわからないから、気が置けないんだよねぇ」

正解

①

「気が置けない」は「気が置ける」の否定形です。「気が置ける」は「気を使う、遠慮する」という意味で、誰かに対して気が許せないときに用います。その否定だから、「気が置けない」は「気づかいをしなくてもいい」という意味です。したがって、①のような使い方が正しいということになります。しかし、実際には②の使い方をする人が増えています。「〜ない」という表現に影響されて、本来と反対の意味に感じる人が多くなっているのかもしれませんね。

第82問

「閑話休題」

どんなときに使う?

①無駄話を終えるとき
②無駄話を始めるとき

正解
1

「本題について議論してきましたが、このあたりで閑話休題」と思わず言ってしまいそうですが、これは間違い！　「閑話休題」とは、「無駄話はさておいて」「それはさておき」という意味。つまり、無駄話を終えて話を本筋に戻すときに使う言葉です。

文化庁の平成14年度の「国語に関する世論調査」によると、「閑話休題」の正答率は23・8％とかなり低いのですが、それ以上に驚くのは、43・8％の人が「わからない」と答えていること。4割以上の人が、そもそも知らない言葉なのですね。

第83問

「情けは人の為ならず」

どんな意味?

① 情けをかけるのは、その人の為にならない

② 情けを人にかけておけば、巡り巡って自分によい報いがくる

正解
②

「情けは人の為ならず」は、人への情けは巡り巡って自分にかえってくる、つまり自分のためになる（だから情けをかけよう）という意味です。しかし、「その人のためにならないから情けをかけるのはやめよう」と、反対の意味に理解している人も多いですよね。「為ならず」は「為なり」という断定を打ち消していて、「人のためではない＝自分のためになる」と解釈できます。「人のためにならない」という意味ではないので、気をつけましょう！

第84問

「耳ざわり」

本来、どんな意味？

①聞いて嫌な感じがする（悪い意味で使う）

②聞いたときの感じ（いい意味でも悪い意味でも使う）

正解
1

「耳ざわり」を漢字で書くと「耳障り」となります。「障り＝害になる」ことなので、「耳障り」は本来「聴いて嫌な感じがする、気にさわること」という意味です。「雑音が耳障りだ」などと使います。これに対して、「手ざわり」「舌ざわり」は漢字だと「触り」で、いい意味にも悪い意味にも使います。しかし最近では、「耳触り」という表記を載せる辞書も出てきました。あくまでも「本来は悪い意味で使う」ということを頭に入れて使いましょう。

第85問

「号泣」

どんな意味？

①大声をあげて泣くこと

②声をあげずに大量の涙を流すこと

正解
1

「号泣」は大声をあげて泣くことです。「号」は「大きな声を出す」という意味。「怒号」「号令」も、大きな声を出しますよね。したがって、「声を押し殺して号泣していた」といった表現だと、おかしなことになってしまいます。

第86問

「開いた口が塞《ふさ》がらない」

どんな意味?

①驚き、あきれる

②驚き、感心する

正解

1

感動したときや感心したときに「開いた口が塞がらない」と言う人がいますが、間違いです。「開いた口が塞がらない」は、「驚きあきれてものが言えない」ときに使います。この表現を間違えて使っている人がいたら、まさに「開いた口が塞がらない」ですよね。

第87問

「俄然」どんな意味？

①急に状況が変わるさま

②他とかけはなれて違うさま

正解 ①

「ケーキよりも煎餅のほうが俄然好きなんだよね！」「その髪型のほうが俄然いいじゃん！」と「俄然」を「断然」の意味で使っている人がいますが、これは間違いです。「俄然」の「俄」は「俄《にわ》か」で、「急に」という意味です。つまり、冒頭の2例は「ケーキよりも煎餅のほうが急に好きなんだよね」「その髪型のほうが急にいいじゃん」と言っていることになってしまいます。「ご褒美くれるの？　俄然（急に）やる気が出てきた！」「俄然（急に）お腹が空いてきた！」このように使いましょう。

第88問

「潮時」どんな意味?

①別れ時
②ちょうどいい時期

正解

②

「潮時」は本来、「ちょうどいい時期」という意味です。ネガティブな意味に限定されるものではありません。したがって、恋人から「俺たち、そろそろ潮時だね」と言われた場合、「俺たち、そろそろ別れ時だね」という以外に、次のようなことも考えられます。「俺たち、結婚するのにちょうどいい時期だね」――真逆の意味になりますよね。ただし、現在は「別れ時」の意味を使う人の方が多いので、そちらで構えておいたほうが傷は浅いかもしれません……。

column

なぜ、言葉を知ることが大切なのか?

TikTok「上田まりえの日本語教室」を始めてから、丸1年。コメント欄にかなりの頻度で見られるのが、「別に伝わればよくね?」という一言です。確かにその通り! いくら正しくても、その言葉が一般的に使われなくなっていたり、相手が理解できなかったりすれば、伝えたいことが伝わらなくなってしまうおそれも出てきます。それでは本末転倒です。しかし、明らかに間違っている表現は使わないに越したことはないでしょう。例えば、ビジネスの場において信頼を勝ち得るためには、言葉の使い方も大事な指標となってくるはずです。また、本来の意味や用法を知ることで、言葉の使い方に深みが出てきます。さらに、選択肢が多ければ多いほど、より的確に自分の思いを言葉にして相手に伝えることができます。円滑なコミュニケーションを図るためにも、知っていて損はないはずです。

言葉遣いは箸の持ち方に似ていると思います。箸には正しいとされる持ち方がありますが、正しく持てなくても食べることはできますよね。しかし、恥ずかしいと感じるような出来事があったらどうでしょう……「直さなきゃ！」ときっと思うはずです。言葉も同様で、家族や友人など親しい間柄の人とだけの関わりの中にいれば、特に困ることもなく、楽しく会話をすることができます。しかし、就職活動や大きな商談などといった大事な場面などでは、きちんとした言葉遣いを心がける人がほとんどであると思います。ところが、いざちゃんとしようと思ったところで、人生をかけて体に染みついているものだから急に変えることはできません。きちんと話すことに注力してしまい、肝心の内容が疎《おろそ》かになってしまったら、それこそもったいない！「困った！」「恥ずかしい⁉」に直面する前に、日頃から少しだけ意識して話してみることをおすすめします。

また、身だしなみや立ち居振る舞いと同じで、言葉はその人を表現する方法のひとつです。なりたい自分に近づくために、トレーニングをしたり、ファッションやメイクを研究したり、勉強や習い事をするのと同じで、セルフプロデュースをするうえでの大きな手段になり得ます。

言葉を知るって、とってもお得なことだと思いませんか？

5
章

本来は読み方だったなんて!?

昔と今で読み方が異なる言葉。
実は、意外に多いんです。

第89問

「捏造《ねつぞう》」本来の読み方は?

① でつぞう
② かくぞう

正解

でつぞう——①

実は「ねつぞう」は慣用読みで、本来の読み方は「でつぞう」でした。今は「でつぞう」と言っても伝わる人がほぼいないでしょう。このように本来の読み方が変化して、広く一般的に使われるようになった言葉はたくさんあります。「ないことをあるようにつくりあげること」を「でっちあげる」といいますが、これを漢字で書くと「捏ち上げる」。つまり「捏造」の「捏」です。

第90問

「既存」

本来の読み方は?

① きそん

② きぞん

正解

きそん——①

「既に存在すること」を意味するこの言葉、本来は「きそん」が正しい読み方です。しかし、最近は「きぞん」という読み方も定着しています。現時点では「きそん」「きぞん」どちらでも間違いではありません。広辞苑第七版も（キゾンとも）と注意書きが入っています。

放送では「きそん」を優先して使用しています。

第91問

「着替える」本来の読み方は?

①きがえる
②きかえる

正解

きかえる――②

「着替える」。何と読んでいますか？　「きがえる」と読んでいる人が多いと思いますが、本来は「きかえる」が正しい読み方であるとされていました。「動詞と動詞が結合したときに、後ろの動詞は濁らない」というルールがあります。例えば「入れる」＋「替える」で「入れ替える（いれかえる）」。そのため、「着替える」も「着る」＋「替える」で「きかえる」となるのです。現時点では「きがえる」「きかえる」どちらで読んでも間違いではありません。ちなみに、名詞の「着替え」は以前から「きがえ」が正しい読み方です。

第92問

「依存」本来の読み方は?

①いぞん

②いそん

正解

いそん――②

「他のものを頼りに存在する」という意味の「依存」。「いぞん」と読む人が多いと思いますが、本来は「いそん」と濁らず発音します。現時点では「いぞん」「いそん」どちらも間違いではありません。ただし、広辞苑では現在も「いぞん」を引くと「ほかの人とは違う考え・反対意見」を意味する「異存」しか出てきません。「依存」を引くと（イゾンとも）と載っています。１９９８年に出版されたＮＨＫ日本語発音アクセント辞典では「いそん（いぞん）」と表記されていましたが、２０１６年に改訂されたものでは、「いぞん（いそん）」と変化しました。そのうち、「いそん」という読み方ではなくなるかもしれませんね……。

第93問

「早急」本来の読み方は？

① さっきゅう
② そうきゅう

正解

さっきゅう ―― 1

「早急」の正しい読み方は「さっきゅう」です。しかし、「そうきゅう」と言う人が増えています。その結果、以前は誤りとされていた「そうきゅう」が、許容される読み方に変化してきています。このように、言葉は変化します。もしかしたら数十年後には「さっきゅう」という読み方がなくなって、「そうきゅう」が当たり前になっているかもしれません。しかし、現時点では「さっきゅう」と読んだほうが適切でしょう。

特に年配の方にとってはかなり気になる言葉のようで、よく「正しいのはさっきゅうだよね？」と聞かれます。

第94問

「輸入《ゆにゅう》」本来の読み方は?

①りんにゅう
②しゅにゅう

正解

しゅにゅう――②

「輸入」、何と読みますか？　「ゆにゅう」ですよね。ところが以前は「しゅにゅう」と読まれていました。もともと「輸」には「シュ」という読み方しかなかったのです。

このように、本来正しいとされていた読み方から時間が経つ中で変化し、広く一般的に使われるようになった言葉は他にもたくさんあります。言葉は変化していくものなのです。

第95問

「情緒」本来の読み方は？

① じょうしょ
② じょうちょ

正解

じょうしょ――①

「情緒」、何と読みますか？　「じょうちょ」ですよね。しかし、本来は「じょうしょ」でした。現在、放送でも「じょうちょ」と読まれるのが一般的です。ただし、広辞苑第七版で「じょうちょ」を引くと「じょうしょ」に誘導され、そこに意味や使い方が書いてあります。そもそも「緒」には「ショ」という読み方しかなかったのですが、慣用読みとして「チョ」が認められるようになりました。

第96問

「あり得る」

本来の読み方は？

①ありうる
②ありえる

正解

ありうる――①

「あり得る」は「ありうる」が本来の読み方です。「ありえる」という言い方が増えてきていますが、口語的でくだけた表現です。ビジネスの場や公の場では「ありうる」と言うほうがいいでしょう。ただし、「ありえる」は現在、許容に変化しています。ちなみに、対義語の「あり得ない」は「ありうない」ではなく、「ありえない」です。

第97問

「寄贈」本来の読み方は？

①きそう
②きぞう

正解

きそう――①

「寄贈」、何と読んでいますか？ 「きぞう」ですよね。しかし、数年前までは「きそう」が正しい読み方であるとされていました。現時点ではどちらの読み方も存在していますが、今は「きぞう」が優先されるようになっています。私はニュース原稿を読むときは今でも「きそう」、フリートークでは「きぞう」と使い分けています。もう少し様子を見てから「きぞう」に変えようと思っています。

第98問

「貪欲」本来の読み方は?

①どんよく
②たんよく

正解

たんよく――❷

現在は「どんよく」と読まれる「貪欲」。以前は「とんよく」と読まれていました。さらには「たんよく」とも読まれていたのだそう。広辞苑で「たんよく」を引いてみると、「欲が深いこと。どんよく」と載っています。

「どんよく」と濁点が付いているほうが、不思議とガツガツ感は伝わりますよね。

第99問

「消耗」本来の読み方は?

①しょうもう
②しょうこう

正解

しょうこう——❷

現在は「しょうもう」と読まれる「消耗」。しかし、以前は「しょうこう」と読まれていました。なぜ「しょうこう」が「しょうもう」に変化したのか？　「耗」の右側（つくり）に「毛」という字が入っていますよね。これが間違って「モウ」と読まれたことで「しょうもう」に変わってしまったようです。

第100問

「貼付」本来の読み方は？

① てんぷ
② ちょうふ

正解

ちょうふ ——②

「貼り付けること」を意味する「貼付」。「てんぷ」でも辞書に載っていますが、これは慣用読み。慣習として世間に広く使われている読み方です。「貼」にはもともと「チョウ」「つける」という読み方のみで、「テン」という読み方はありません。なお、「メールにてんぷします」という場合の「てんぷ」は「添付」ですね。

おまけ column

TikTok「上田まりえの日本語教室」ができるまで

この本は、TikTok「上田まりえの日本語教室」を
書籍化したものです。
どのように撮影しているか、写真とともにご紹介します!

都内のスタジオで、半日ほどかけて20本撮影します。

「この言い方のほうがいいかな」短い動画だからこそ、わかりやすい表現になるように見せ方を工夫します。1本撮影するのに30分近くかけることも。

撮影した動画はすぐにチェック

途中で衣装を替えて、
さらに撮影は進みます。

ネタの選定と撮影資料の作成は、すべて1人で行います。
何冊もの辞書や資料を見ながら、何日もかけて作ります。

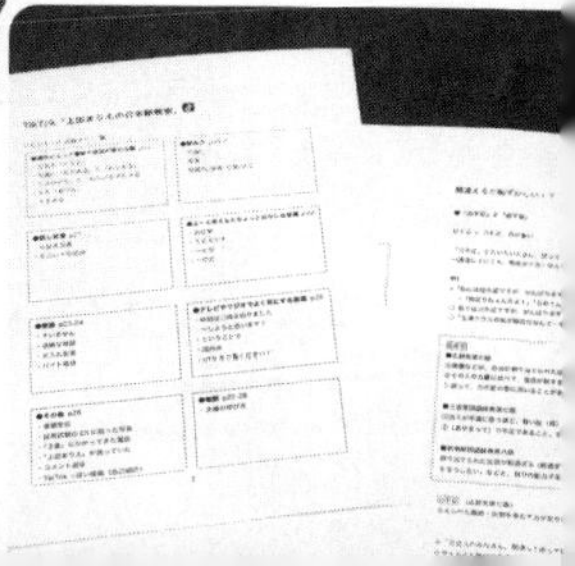

撮影&編集担当のスタッフと綿密な打ち合わせ。そこで新しいアイデアがひらめくことも。

完成した動画にミスなどがないか、入念にチェック。最後に、TikTokのアプリ上で音楽とキャプションをつけて……投稿!

TikTok「上田まりえの日本語教室」
https://www.tiktok.com/@marieueda929

あとがき――言葉は変化するもの

最後までお付き合いくださり、ありがとうございました。
いかがでしたか？

本書の中でも繰り返しお伝えしてきたように、「言葉は変化するもの」です。発音・アクセント、意味や用法、漢字の表記や読み方など、以前は正しいとされていたことが、長い年月が経過する中で変化し、間違いになることもあります。その過程で、複数の語法が存在する「ゆれ」という現象も起こります。また、辞書によっても見解が分かれていますす。そのため、単純に「正しい」「間違い」とジャッジするのが難しいのです。本書をまとめるうえで特に苦心したのは、その部分でした。

新人アナウンサー時代に教わったことが、12年経って驚くほど変化していました。また、近年はSNSなどの普及により、誰もが気軽に広く世の中に発信できるようになりました。そのため、言葉の変化していくスピードが一層速くなっているように感じます。本書に掲載した語も、おそらく数年以内で変化するものが出てくると思います。言葉はその時代を映し、後世に歴史を伝える重要な役割を担っています。本書がその一助になれば幸いです。

TikTok「上田まりえの日本語教室」は、これからも続いていきます。現在までに投稿した動画は200本近くに上りますが、まだまだネタがあるということです！　今後は敬語表現などをはじめ、就職活動やビジネスシーンに特化した表現もお届けしていく予定です。いつでも遊びに来てくださいね。

またいつか、みなさまにお会いできる日が来ることを願って。

2021年6月

上田まりえ

参考資料

広辞苑第六版、第七版（岩波書店）
三省堂国語辞典第七版（三省堂）
新明解国語辞典第八版（三省堂）
明鏡国語辞典第二版（大修館書店）
デジタル大辞泉
新漢語林第二版（大修館書店）
NHK日本語発音アクセント辞典 新版（NHK出版）
NHK日本語発音アクセント新辞典（NHK出版）
NHK漢字表記辞典（NHK出版）
NHKことばのハンドブック第二版（NHK出版）
NHK間違いやすい日本語ハンドブック（NHK出版）
NHKのアナウンサーも悩む 間違いやすい日本語1000（NHK出版）
記者ハンドブック（共同通信社）
『広辞苑』をよむ（岩波新書）
今日から役に立つ！使える「語彙力」2726（東西社）

NHK放送文化研究所（https://www.nhk.or.jp/bunken/index.html）
毎日ことば（https://mainichi-kotoba.jp/）
ことばマガジン（http://www.asahi.com/special/kotoba/）
文化庁ホームページ（https://www.bunka.go.jp/）
厚生労働省ホームページ（https://www.mhlw.go.jp/index.html）

その他、新人研修のノートなど

さ

た

な

は

ま

や

索引

本書に出てくる言葉をあいうえお順に並べました。
本書の振り返りなどにご利用ください。

あ

か

一〇〇字書評

切り取り線

購買動機（新聞、雑誌名を記入するか、あるいは○をつけてください）	
□（　　　　　　　　）の広告を見て	
□（　　　　　　　　）の書評を見て	
□ 知人のすすめで	□ タイトルに惹かれて
□ カバーがよかったから	□ 内容が面白そうだから
□ 好きな作家だから	□ 好きな分野の本だから

●最近、最も感銘を受けた作品名をお書きください

●あなたのお好きな作家名をお書きください

●その他、ご要望がありましたらお書きください

住所	〒				
氏名		職業		年齢	
新刊情報等のパソコンメール配信を 希望する・しない	Eメール	※携帯には配信できません			

あなたにお願い

この本の感想を、編集部までお寄せいただけたらありがたく存じます。今後の企画の参考にさせていただきます。Eメールでも結構です。

いただいた「一〇〇字書評」は、新聞・雑誌等に紹介させていただくことがあります。その場合はお礼として特製図書カードを差し上げます。

前ページの原稿用紙に書評をお書きの上、切り取り、左記までお送り下さい。宛先の住所は不要です。

なお、ご記入いただいたお名前、ご住所等は、書評紹介の事前了解、謝礼のお届けのためだけに利用し、そのほかの目的のために利用することはありません。

〒一〇一‐八七〇一
祥伝社黄金文庫編集長　萩原貞臣
☎〇三（三二六五）二〇八四
ohgon@shodensha.co.jp

祥伝社ホームページの「ブックレビュー」からも、書けるようになりました。
www.shodensha.co.jp/bookreview

祥伝社黄金文庫

知《し》らなきゃ恥《は》ずかしい!? 日本語《にほんご》ドリル

令和3年7月20日 初版第1刷発行
令和3年8月30日 第2刷発行

著 者 上田《うえだ》まりえ
発行者 辻 浩明
発行所 祥伝社《しょうでんしゃ》
〒101−8701
東京都千代田区神田神保町3−3
電話 03(3265)2084(編集部)
電話 03(3265)2081(販売部)
電話 03(3265)3622(業務部)
www.shodensha.co.jp

印刷所 萩原印刷

製本所 ナショナル製本

 ISBN978-4-396-31806-2 C0195